鏡台に、小さな箱が置かれています。
箱のなかには、大きなダイヤモンドが輝いています。
そのかたわらに、リボンでくくった手紙の束があります。

……?

SANNEN NO HOSHIURANAI
PISCES
2024-2026

ISHIIYUKARI

3年の星占い 魚座 2024－2026

石井ゆかり

すみれ書房

はじめに

こんにちは、石井ゆかりです。

本書は2024年から2026年の3年間、魚座の人々が歩んでゆくかもしれない風景を、星占いを用いて描いた1冊です。

3年という時間は短いようで長く、奥行きも深く、ひとまとめにして描き出すのは容易ではありません。本書はシリーズ4作目となるのですが、どう書けば読者の心に生き生きとした「3年」が浮かび上がるだろう、と毎回悩みます。短い小説を書いてみたり、おとぎ話ふうに仕立てたりと、これまでさまざまに試行錯誤してきました。

そこで今回たどり着いたのが「シンボル（象徴）」です。

世の中には「シンボル」がたくさんあります。「フクロウは『不苦労』で縁起がよい」「鳩は平和のシンボル」など、置物やお菓子のモチーフになったりします。ニューヨークの「自由の女神像」のような大きなものから、襟元につける小さな「てんとう虫のブローチ（幸運を呼ぶ）」まで、人間は森羅万象、ありとあらゆるものに「意味」を見いだし、それを自由自在にあやつって、ゆたかな精神世界を編み上げてきました。

象徴など信じない、という科学的思考のはびこる現代社会にも、たとえば「国旗」「県の花」などがバッチリ制定されていますし、会社を設立すればたいていは、すぐにロゴとマークを制作し、名刺などに刷り込みます。これらも立派な象徴、シンボルです。現代を生きる私たちもまだまだ、シンボルを手放したわけではないのです。

実は「双子座」「蟹座」などという星座、さらに「木星」「土星」などの惑星も、私たちがそこに意味を見いだした象徴、シンボルそのものです。

「シンボル」には、いい意味も悪い意味もあります。たとえば「サル」は賢さを象徴する一方で、ズルさを表すこともあります。たいていのシンボルは両義的、つまり吉凶、善悪の両方が詰め込まれています。

「シンボル」に与えられた「意味」を調べるのは、辞書で単語の意味を引くのに似ていますが、その広がりは大きく異なります。シンボルはそれぞれがひとつの宇宙のようで、そのなかに実に豊饒な世界を内包しているからです。

さらに、シンボルは想像力、イマジネーションでできあがっているので、外界に対してかたく閉じているわけでもなければ、その世界のサイズが決まっているわけでもありません。どこまでも広がっていく世界、ときには外界から新風さえ吹きこむ世界が、シンボルの抱いているミクロコスモスなのです。

たとえば「双子座の人」「乙女座の人」と言ったとき、その人々のイメージをひと言で限定的に言い表すことは、とてもできません。同じ双子座の人でも、その個性はさまざまに異なります。でも、そこに何かしら、一本似通ったベースラインのようなものが感じられたとしたら、それこそが「双子座」というシンボルの「軸」の感触なのです。シンボルとはそんなふうに、広がりがあり、開かれてもいる「世界観」です。

多くの人が、好きな数字や花、なぜか自分と近しく感じられる場所などを、心のなかに大切にあたためて「特別あつかい」しています。あらゆる物事のなかから特別な何かを選び出し、自分とのふしぎな結びつきを読み取る心が「象徴」の原点にあるのだろうと、私は考えています。どれだけ科学技術が発達し、多くの人が自然科学にしか「エビデンス」を求めなくなっても、人の心が象徴を追いかける仕組みは、なかなか変わらないだろうと思います。

この3年間を生きるなかで、本書の軸となった「シンボル」が読者の方の心に、やさしい希望のイメージとしてよみがえることがあれば、とてもうれしいです。

3年の星占い――魚座――2024年-2026年◎目次

ブックデザイン
石松あや
（しまりすデザインセンター）

イラスト
中野真実

DTP
つむらともこ

校正
円水社

1

3年間の風景

3年間の風景

冒頭の風景は、魚座の2024年からの3年間を見渡して、私が選んだ「シンボル」です。「なぞなぞ」のようなもの、と言ってもいいかもしれません。

以下にキーワードをいくつか挙げながら、「なぞなぞのたねあかし」をしてみたいと思います。

・自分を知る、自分に出会う

――ダイヤモンド、鏡

宝石は磨き上げられて美しくなることから、人間が純化し、高貴な存在となってゆくことの象徴とされました。

特にダイヤモンドは非常に硬く、傷つきにくいので、たとえば哲学者のプラトンは、世界の中心にある「軸」はダイヤモンドでできている、と考えたそうです。

２０１２年ごろから、あなたは自分のなかになんらかの宝石があることを感じ、それを時間をかけて掘り出し続けてきたのではないでしょうか。

その「宝石」とは、たとえば才能や可能性、望み、夢、理想などです。

あるいは「自分に合った生き方」「自分のための幸福」「本当にやりたかったこと」「愛」などがそれなのかもしれません。

さらには、「なんだかわからないけれど、何かいいものがある」という感覚だったのかもしれません。

まだ言語化はできないし、それがなんの役に立つかもわからないけれど、どうしても掘り出したいものが自分のなかに埋まっている、と感じてきたのかもしれません。

それが「目の前の生活への違和感」として表れていた人もいるでしょう。

「こんなはずではない」「何かがおかしい」「この仕事ではなく、もっとほかにやりたいことがあるはず」「自分に合った生活ができていない」という不安や不満、焦りが、あなたの胸にあったかもしれません。

そんな「宝石」の原石が今や、あなたの目の前の作業台に置かれています。

そして、2023年ごろからあなたは、現実の砥石や研磨機をもって、その原石を懸命に磨き続けているはずです。

この「磨き」の作業が終わるのが、2026年2月です。

2023年から2026年頭までの時間帯は、魚座の人々にとって「自分を知る・自分に出会う」時間です。

だれもが毎日自分自身といっしょに暮らしていて、決して自分から逃げることができません。

なのに、だれもが自分をよく知らず、また、知らないままにしておきたいと考えています。
鏡を見るとき、人は無意識に大きく目を見開き、いちばん美しいと思える表情を作ります。
ゆえに、第三者が肉眼で見ている自分自身の顔のことは、ほとんど知りません。

たとえば、著名人のSNSを見て、彼らがアップする「自撮り」に違和感を抱いたことはないでしょうか。彼らが選ぶ「自分の写真」は、世間の人々がその人の顔に抱いているイメージと、少なからず異なっています。長年たくさん撮影され続けているセレブリティたちでさえ、セルフイメージは「別物」なのです。ましてや、一般の人々なら推して知るべしです。

私の知人が、教育活動のなかで「自分のふだんの姿を動画に撮影してもらい、あとでそれを見る」という試みをしたそうです。一切の演技のない、ふだんどおりの自分の動きや話し方などを動画で見た感想は「きもちわるい！」でした。想像していた自分の姿と、現実のそれは、大きく異なっていたのです。

この話を聞いて、私は「なるほど、自分もやってみたい」とは思いませんでした。恥ずかしさに立ち直れないのでは、と思ったからです（！）。

自分のことを、私たちはよく知りません。

知りませんし、内心では「知りたくない」と感じています。

鏡を見ているつもりでも、たぶん、本当には見えていないのかもしれません。

多くの人が自分の容姿を嫌っていますが、一方で、人間の内心には深いナルシシズムがひそんでいます。

多くの人間は、自分が大嫌いで、大好きなのです。

自己愛のない人はいませんし、自信のなさや恥の感覚を持たない人もいません。

人と自分を比較して落ち込んだことのない人もたぶん、いないだろうと思います。

だれからもあこがれられるようなすばらしく美しい人が、容姿についてのコンプレックスを吐露する、といったインタビュー記事は、ちっともめずらしくありません。

外側に「見えている」部分である容姿や物腰についてさえ、一定の自己評価ができないのです。

ましてや「見えていない」部分の内面や可能性、過去についてなど、私たちは自分のことを、たぶんびっくりするほど「わかっていない」のではないでしょうか。

それでも2023年ごろから、あなたは自分のすべてではないにせよ、ある部分を「直視しよう」とし始めています。

なぜならそこに、何か輝くものが隠れている、という直観があるからです。この直観は昨日今日のものではなく、前述のとおり2012年ごろからの長いあいだ、ずっとあなたがあたため続けてきた思いです。

それを直視し、さまざまなかたちで磨けば磨くほど、その輝きが現実のものとして表れます。


ダイヤモンドは「完全性」を象徴することがあります。透明で純粋な輝きと、すばらしい硬さからくる象意であろうと思います。

この「3年」の2024年、あなたはより完全なあなたになろうとしているのです。これは、「人と比較して、より完全になる」という意味ではありません。他者との比較などできない次元で、より完全な自分になる、という意味です。

完全に咲いたヒマワリと、完全に咲いた勿忘草《わすれなぐさ》のどちらがより完璧か、などという比較はできません。

ただ、滋養に満ちた土と光と風、その植物に合った気温を与え、動物の食害などから守り、ていねいに見守って育てたヒマワリは、その種の持つポテンシャルを完全に引き出してもらえます。

たとえばそんなふうに、あなたはこの時期、自分自身のポテンシャルのすべてを引き出そうとしているのだと思います。


では具体的には、どんなことが起こっているのでしょうか。

それは本当に十人十色、千差万別です。

今まで自分を守ってくれていた組織や集団から、自分の意志で離脱し、個人としてがんばっている人がいるかもしれません。

自覚せずに頼っていた人となんらかの事情で離れ、はじめて「自分の足で立つ」ことに挑戦している人がいるかもしれません。

守られる立場から人を守る立場に変わり、奮闘している人がいるかもしれません。

常識だと思っていたこと、「こういうものだ」と受け入れてきた価値観が、突如「まちがっていた」ということに気づき、新たな考え方を学んでいる最中の人がいるかもしれません。

長いあいだ取り組んできた仕事に区切りをつけ、「本当にやりたいこと」を探し始めた人がいるかもしれません。

具体的に起こっていることはさまざまに違っていても、通底している部分はあります。

それは、みずからなんらかの「制限」を選び取り、ある種の孤独のなかで、コツコツがんばっている、という点です。

特に2023年から、こうした「ひとりでコツコツがんばる」「課題を引き受けて、挑戦し続ける」取り組みを続けているあなたがいるはずです。

この取り組みはあなたの「軸」を作り、より大きな力を与えてくれます。

「これこそが本来、あるべき自分だ」というたしかな手応えをくれます。

鏡のなかの自分が、より頼もしく、より慕わしい姿へと変わっていきます。
２０２６年には、これでいいのだ、と思える自分が、そこに映っています。

・地道な成長

――宝石の輝き

この「3年」は、成長の時間でもあります。

学びがあり、自分の世界作りがあり、創造的な時間があって、さらに、地道な訓練があります。

ここでの「成長」は、遠くにある正解や目標を目指すようなプロセスではなく、あくまで自分の内なるものに沿って、一つひとつ手元や足元から、ステップを踏ん

でいくような展開になります。

たとえば、ちいさな子どもはだれも「そうしろ」と言わなくとも、立とうとしたり、片言で話し始めたりします。

もともと子どもの内側に、立とうとする力、話そうとする力がひそんでいて、それが身の回りの刺激をキャッチしたとき、どんどん花開いていくのです。

最初に何か高い目標があって、それを背伸びしてつかまえにいくのではなく、内なるものにしたがって、成長が起こるのです。

この「3年」、魚座の人々は、そんなイメージで成長を遂げます。

自分のなかにある衝動、花開こうとする力が、身近なもの、日常的に触れるもの、ふと好奇心を引かれたものと反応して、新しいことが起こります。

宝石の輝きは、もともと石が持っているものです。

外から足したり、くっつけられたりしたものではありません。

ダイヤモンドがサファイアになることがないように、「自分以外のもの」になるための成長というのは、ないのです。

・生活空間を創る

――手紙を束ねるリボン

2024年の幕開けは「コミュニケーションの時間」です。

たくさんの人と、楽しい会話を重ね、広げていけるでしょう。

2018年ごろから、あなたは新しいコミュニケーションの輪を作るために、どんどん人に話しかけてきたのではないかと思います。

あるいは、かつて話し合っていた人々の輪から離れ、別の人々と語り合うために、旅を続けてきた、という感覚があるかもしれません。

この「新しいコミュニケーションのための旅」は、２０２６年４月ごろまで続きます。

特に、２０１８年ごろからのあなたの模索、あなたの旅、あなたの働きかけが、２０２４年前半に「ブレイク」します。

たとえば、これまで話しかけてきた相手がいっせいに、あなたにあれこれ語りかけてくれるかもしれません。

これまで受け身だった人々が、突然能動的にあなたに働きかけてくれるかもしれません。

あなたを中心として、ひとつの対話の場ができあがるかもしれません。

あなたが話しかけてきた人々が「友だちの友だち」同士でつながり合って、逆にあなたを誘ってくれるようになるのかもしれません。

対話が重なると、人の気持ちは近づきます。

たくさん話し合った相手は、だんだん「身内」になっていきます。

身内が集まると、そこに「場」ができます。

人間はたぶん、いろいろな「身内」が集まったヴァーチャルな「場」を、「住処《すみか》」としているのだと思います。

さらにその「住処」から外に出て、映画を見たり、好きな人に会いに行ったり、旅に出たりすることになります。

また、身内のそれぞれと頼り合い、役割分担をしながら、生活を構築します。

「身内」とは、ともに暮らす家族だけでなく、毎日のように顔を合わせる人々、行きつけの場所にいる人たち、何かあればかならず連絡する、遠くにいるだれかなど、その全員です。

みんなと心のなかでたくさんの手紙をやりとりするように、連絡を重ね、対話を重ね、心のつながりを重ねながら生きていきます。

広い範囲にふわっと根づいた「身内」のネットワークは、まるで、小さな手紙の束のようです。リボンで結ばれていて、そこにあたたかな思い出と親しみが詰まっています。

ときには何度も読み返して、あたたかな気持ちをよみがえらせることができます。

生活は「縁」でできています。

この「3年」のなかで、魚座の人々はさまざまな縁に恵まれます。特に2025年から2026年秋ごろに、いくつもの特別な縁が結ばれます。

きらめく出会いがあり、その出会いが生活のなかにとけこみます。

・愛の発見

――ダイヤモンドの輝きと硬さ

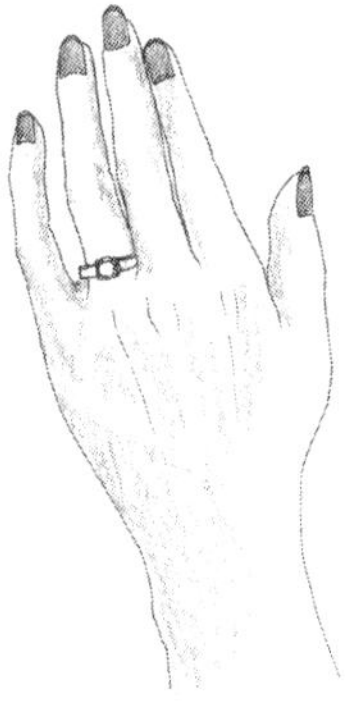

私の大好きな『赤毛のアン』シリーズに、印象的な「手紙の束」のシーンがあります。

アンは幼いころに両親を亡くしており、親の顔を知りません。あるとき、両親の住んでいた家を訪ねると、そこに古びた手紙の束を見いだすのです。果たして、両親が元気だったころに交わした手紙でした。素朴ながら深い愛情のこもったその手紙に、赤ん坊だった自分のことも記されているのを読んで、アンは深く感動したのでした。

今では手紙をやりとりする人も少なくなりましたが、電話やメール、ＳＮＳなどメディアが変わっても、恋人たちは今なお、愛のメッセージを無限にやりとりしています。

２０２４年から２０２６年、山ほどのメッセージのやりとりの果てに、すばらしい愛を見つける人が少なくないでしょう。

問いかけ、応えてもらい、相手からも問いかけられ、自分からも応える。

こうしたやりとりを何度も積み重ねた先に、愛が育ちます。

ダイヤモンドはその輝きと硬さから、「変わらない愛」のシンボルです。

現実の人間の愛はもろく移ろいやすいからこそ、深く愛し合っている最中の恋人たちはことさらに「自分の愛は変わらない」ということを表現したくなるのだろうと思います。

愛には、一瞬で燃え上がって花火のように消えてしまうものもあれば、長い時間をかけて紡がれ、人生の終わりまで続いていくものもあります。その違いが「相性」だという人もいれば、人間性や意志によるという意見もあります。単に運によるのだと考える人もいます。

どうすれば終わらない、消えない愛をつかめるのか。

神話の時代から今に至るまで、無数の人がこの問題の前に挫折してきました。

ですがその一方で、ひたむきに愛しながらこの問題を自分のものにした人たちもいました。

この「3年」は魚座の人々にとって、愛の季節です。

特に2024年後半から2026年前半にかけては、愛のドラマが大きく動きます。

この時期の愛には、硬度があります。

なぜなら、冒頭から述べたようにあなた自身が、ダイヤモンドのようなたしかさ、硬さを体現しつつあるからです。

この時期のあなたは、刹那的なものやいい加減なもの、あいまいなものでは満足できないのです。

愛についても、あなたはダイヤモンドのようなきらめきを求めるはずです。

変わらない愛、傷つかない愛。

これをどう発見するかが、この「3年」のあなたの、愛のテーマです。

・過去の世界へのゲート

――古い手紙を読み返す

2024年、長い長い「過去への旅」が始まります。

この「旅」は、2043年ごろまで続くのです。

20年近くかけて、あなたはじっくりと時間をさかのぼり、なかには自分の人生の長さをはるかに超える道を渉猟《しょうりょう》する人もいるだろうと思います。

過去に背を向け、過去を切り離し、過去から自由になって生きることこそが「良し」とされる世の中ですが、現実には私たちは、過去を「分離」して生きることはできません。

どんなにつらい過去も、どんなに悲しい過去も、それを乗り越えてきた人ほど、その重要さがわかっています。

ひたすら傷つけられ、虐げられた過去があり、その世界から遠ざかった現在を生きていても、その傷自体が自分の一部となっていることを、否定はできません。

これは「どんなつらい過去にも、意味があったのだ」ということではありません。

人間は意味もなく傷つけられることがあります。

なんの価値もない重荷を背負わされることがあります。

圧倒的な他者の力になぎ倒され、傷つけた側はこちらのことなど認識さえしていないのに、その傷を終生背負っていかなければならないこともあります。

そんな傷や痛みに「前向きな意味」など、見いだしうるでしょうか。

なければなかったほうがよかったのです。

その傷があるから今がある、と言える人は立派ですが、そう言えなかったとしても、まったく問題はありません。

ただ、その傷を今も背負って生きている、という現実が存在する、というだけです。


占いの場では、「最初は今現在の出来事について相談していたのに、いつのまにか子どものころのつらかった記憶について語っている」という現象がしばしば起こります。

涙を流しながら話しているのは、先週の失恋のことではなく、幼かった日の思い出だったりするのです。

人の心には地層のように過去の感情が積み重なっていて、大人になってから何かしら衝撃的な出来事が起こると、地殻変動で古い感情がむきだしになる、といった現象が起こります。

記憶というのは、いつでも開けられる引き出しに、きちんと整理されて格納されている、というわけではありません。

忘れ去ったはずのことが、突然心に「顕現」します。

今さっき起こったことのようにリアルに、脳裏に再現されます。

ちょっとした匂いや、音楽の一節などで、時間が巻き戻ります。

どんなに思い出そうとしても思い出せなかったことが、ふとした拍子に全部はっきりと思い出されます。

さらに、現在の私たちが感じている感情は、今だけの心で生じてはいません。

自分の経験してきたこと、過去の感情の蓄積と、今現在起こっていることが化学反応を起こして、そこで「今の感情」が生まれます。

子どものころに「ワガママ」を叱られ続けた人は、大人になっても自分から要望を伝えるのが「怖い」と感じることがあります。

学生時代、夏休みを楽しくすごした記憶のある人は、夏になるとウキウキしてきて、周囲を巻き込んで遊びに行く計画を立てます。

若いころにほめられたことは、年齢を重ねても「得意分野だ」と思えます。

一方、大失敗をした経験があることには、いくつになってもビクビクせざるを得ません。

だれかに危害を加えられた経験のある人が、その後長く暗闇や夜の外出を恐れたりします。

ある衝撃的な経験と、そこで引き起こされた激しい感情から、長いあいだ「パニック障害」などが起こることもあります。

人の感情はそんなふうに、「今だけ」のものではありません。

人間は喜び、楽しみ、怒り、悲しみ、ワクワクしたりガッカリしたりしながら生きています。モチベーションも、目覚めたときの気分の明るさも、感情でできています。

つまり、私たちの日常生活は、過去と地続きなのです。

2024年以降、あなたは過去の方向へ、じっくりと歩を進めます。

なんらかのかたちで過去を追体験し、あるいは改めて咀嚼《そしゃく》して、その体験のなかで「生まれ変わる」ことができます。

過去の物語のなかで、心が再生を遂げるのです。

これまで過去と現在を否定してきた人は、過去に立ち戻ってそこから歩き直す道を選べるかもしれません。

自分自身と時間をかけて対話を重ね、「心を取り戻す」人もいるかもしれません。

背負わされたものを手放す人、鎖《くさり》を切り離す人もいるでしょう。

奪われたものや失ったものを取り返す人もいれば、奪ってきたものを返しに行く人もいるでしょう。

過去にさかのぼって、だれかに会いに行く人もいるでしょう。

過去に離れた大切な人とのつながりを再生させ、新しい人生を歩み始める人もいるでしょう。

みずから傷つけてきた自分を、回復させる軌道に乗る人もいるでしょう。

過去の反省から、やめるべきことをやめる人、やるべきことを始める人もいるでしょう。

中途半端にしてしまった過去の物語を、ちゃんと結末に導く人もいるはずです。

ここで起こることもまた、人によって大きく異なります。

たどってきた道のりが人それぞれなのですから、当然です。

ただ、共通しているのは、これらのプロセスであなたの生きる力、心、「魂」と呼ばれるようなものが、新しい力を得て「よみがえる」ということです。

古い手紙を読み返すと、それを受け取ったときにはわからなかった意味を汲み取れることがあります。

あるいは、ずっと昔に受け取ったメッセージなのに、まるで今現在の自分に投げかけられているように思えることもあります。

人生のドラマはしばしば、時間という制約を超越します。

この時期にあなたに起こることは、そんな「時間の超越」なのかもしれません。

・見えないものを見つめる

――鏡に映らないもの

この「3年」の魚座の時間は、とても神秘的です。

日々の生活のなかに、ふしぎなことがたくさん起こります。

たとえば、過去に死んでしまった大切な人に「会いたい」と思ったとき、「会えた」と思えた体験はないでしょうか。

ふと飛んできた蝶々に、ふと射し込んだ光に、「あの人だ」と思えたことがなかっ

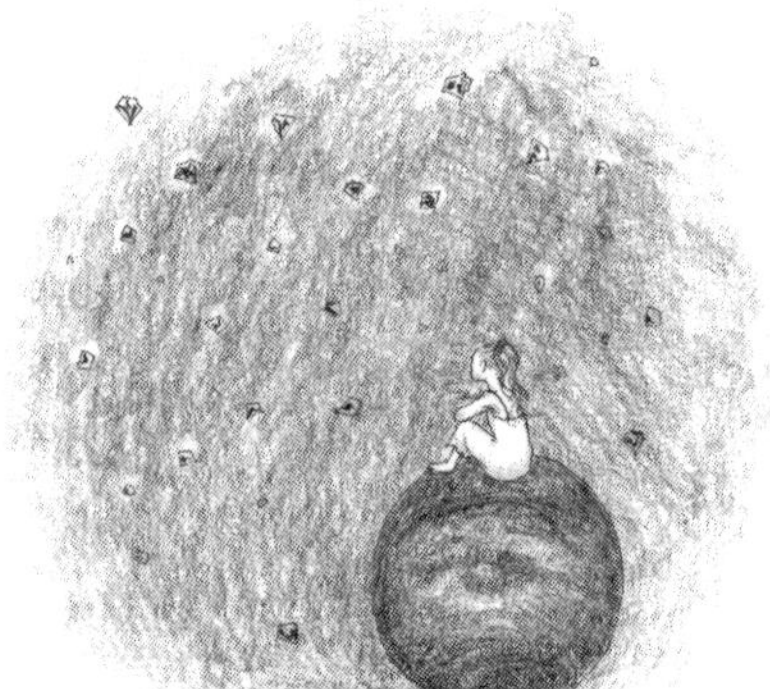

たでしょうか。

客観的には、単なる偶然です。なんの意味もない、自然現象に過ぎません。でも、「ほかならぬあの人を思うこの自分」にだけは、その意味がわかるのです。ほかの人にはわからなくても、自分にはわかるのです。

ちょうど先ほど、私にもそんなことが起こりました。

本書を書くにあたり、数冊の辞典や辞書を広げて、調べ物をしていたのです。重たい大きな本を机に置き、まずは左手で、えい、と適当に開いて、そこからページを繰って、目当ての言葉を探そうとして、手が止まりました。

というのも、今適当に開いただけの場所に、「gem（宝石）」の単語が出ていたからです。さらにもう1冊、別な辞典を広げると、なんとそこにも「宝石」の文字があったのです（！）。

適当に本を開いたところの文字に「お告げ」を求める「ビブリオマンシー」とい

う占いがありますが、まさにそれに似た現象が起こったことに、私は苦笑いせざるを得ませんでした。

と同時に、2024年から2026年の魚座の占いのシンボルとして「ダイヤモンド」を選んだのは、「まちがいではないのだ」と感じました。

こうしたことは、客観的には無意味な偶然です。

さらに、探していた物が探さずとも向こうから転がり出てくる、という現象は、それ自体では現実になんの影響もおよぼしません。

でも、このことは私にとって、絶大なる意味があったのです。

文章を書くとき、私はいつも「これでいいのだろうか」と不安だからです。

天から「それでよし」と言ってもらったようなこの現象は、私の心にとって、特別な意味を持ちます。

読者のみなさんもおそらく、そんな経験をしたことがあるはずです。

もちろん、そういうこと「だけ」で生活が埋め尽くされてしまうと、まともな生活を送ることがむずかしくなります。人間の心はとかく「意味」をキャッチするのが得意なので、なんでもかんでも意味ありげに見えてしまうことがあるのです。

不安なとき、苦しいとき、孤独なときは特に、そうした危険があります。意味が意味を吸いつけ、頭のなかで想像がふくらんでしまうと、不安が増大し、何もかもが恐ろしくなることもあります。

ただ、その一方で、そうした自分にだけわかる「意味」を完全に無視したり、拒否したりしてしまうと、それはそれで、人の心が危うくなります。

人間の心は、夢を生きることを欲しているからです。

夢は心の糧なのです。

日常の小さな、ささやかな神秘は、心にふしぎな栄養を与えてくれます。

夢を、ロマンを、音楽を、詩を生きることが、人間にはどうしても必要なのです。

妖精が見える人と見えない人がいるとすれば、魚座の人は「見える人」が大半です。そしてこの「3年」は特に、あちこちに妖精がいる気配があるのです。

人間はだれもが「自分の物語」を生きています。

「自分の物語」は、自分が価値があると思ってピックアップしたもの、強くマーカーを引いたことでできています。一方、見えるもの、起こったことでも、「意味なし」としてそぎ落としたものが無数にあるはずです。

「自分の物語を生きる」とは、人生に心をこめて注意を向け、自分なりの価値観をもってだいじなものを選び取り、ある文脈のもとに整理して、それを何度も読みかえすということです。それをしないと、すべてが流れ去ってしまうのです。

人生が終わりに近づくと、多くの人が「自伝」を書きます。

でも、本来私たちは日々、それに似た営みができるのです。

それをする人ほど、ロマンティックに生きられます。

魚座のこの「3年」は、ロマンを生きる姿勢を調える時間でもあるのだと思います。

魚座の支配星・海王星には、ダイヤモンドの雨が降るそうです。

あなたの心にもときどき、ダイヤモンドの雨が降ることがあるはずです。

2

1年ごとのメモ

2024年

この3年にそれぞれ、キーワードを考えるとするなら、たとえば以下のようになります。

2024年：引き続き、模索の旅
2025年：探していたものを見つける
2026年：旅の終わり、到着

２０１２年、または２０２３年からの模索の旅が２０２５年ごろには目的を達し、２０２６年は新しい時代に切り替わります。

・旅の続き、コミュニケーションの拡大

２０２４年、特に前半は「旅」の時間です。

星占いの世界では「旅」と「学び」「コミュニケーション」をひとつのジャンルとしてあつかいます。

他者と語り合って新しい知見に触れることも、書物をひもといて新たな知識を得ることも、人間の心にとっては「旅」と同じ体験です。見知らぬものに出会い、自分を拡大・拡張していく試みです。

２０２０年から２０２２年は世界的に旅や外出が制限された時間でした。

そこでは多くの人がリモートで「会う」習慣を身につけましたが、これによってより広範囲の人々と知り合う機会を得た人も多かったと思うのです。

魚座の人々もまた、過去2、3年のなかでそれまで出会えなかった新しい人々と出会い、世界がぐっと広がったという手応えを感じたのではないかと思います。

2024年は、そうした新しいコミュニケーションがさらなる展開を見せるかもしれません。たとえば、リモートで会った人々とオフラインで会うようになり、そこに「新しい出会い」が起こるのかもしれません。

チームやネットワークが形成され、「身内」としてたがいをとらえ直すような流れが生じるかもしれません。

みんなでしばしば集まるようになり、具体的な「場」が形成されたり、家族や家庭のような関係性が根づいたりするかもしれません。

2023年ごろからの「自分自身を作る」作業のなかで、2024年前半はいろいろな人の言葉に恵まれる時間と言えます。

取り組み自体はあくまでひとりで進めるのですが、そのなかであたたかなやさしさや知性に触れ、あと押ししてもらえる場面が増えます。

そうしたあたたかなやりとりが、だんだんと明るい結びつき、明るい場へと発展していきます。

2023年なかばごろにはどこか暗く、厳しい気持ちに包まれていた人も、2024年に入るころには周囲がふしぎと、明るく感じられるでしょう。

孤独な探究を続け、考え、迷い、悩んでいた人も、いろいろな人の声を受け取り、新しい景色に目を見開きながら、徐々に「自分はちゃんと前進している」という手応えを得られるはずです。

問題意識が強いほど、成長への意志が固いほど、2024年前半にあなたのなかに流れ込むものは、新鮮な勢いを増します。「知りたい」と思う人ほど、多くの知識や情報を吸収できるものだからです。

・後半「居場所を作る」時間へ

5月末から2025年6月上旬にかけて「居場所を作る」時間に入ります。

これ以降、新しい居場所を見つける人、家庭を作る人、家族が増える人も多いでしょう。前述のとおり、年の前半までに出会いや行動範囲を広げたところで「ここだ！」「この人だ！」という発見を得て、2024年後半に根を下ろすフェーズに入るのかもしれません。

魚座は「柔軟宮」で、変化を好む星座です。

ひとつの場所に縛られたり、動けないほど大きな荷物を背負いこんだりすることを好みません。ある場所に居着いてもどこか、その場所から遊離しているような「いつでもどこにでも行ける」人です。

ゆえに、この時期「この場所に決めよう」「この人とともに生活しよう」という選択をすることが、怖かったり、居心地が悪かったりする場面もあるかもしれません。

でも、ここでの選択は決して、あなたを「縛る」ものではありません。

むしろ、ここから2026年ごろにかけてあなたが選ぶ「居場所」は、ひとつの繭《まゆ》のようなものです。2033年ごろまでのあなたをやわらかく守り育ててくれる環境を、ここで見つけることができるのです。

「自由な生活」はあなたの好むところですが、「自由」にもいろいろあります。

どこにでも行ける自由、何ものにもとらわれない自由がある一方で、いつでも帰れる場所がある自由、もうあれこれ探し求めなくてもいいという自由もあります。

2024年から2025年、あなたにとっての「自由な生活」の意味が、大きく変わり始めるかもしれません。

これまで「これが自由だ」と思っていた条件が、突然自分を縛るように感じられるかもしれません。

あるいは、「もっと自由になれる」と思える場を発見し、そこに移住したくなるのかもしれません。

このような、新しい「自由」への選択は、あなたを外に放り出すような変化ではなく、前述のとおり、丈夫な繭に心をくるみこむような変化となるはずです。「繭のなか」という表現は「閉じ込められた、不自由な世界」と思えるかもしれませんが、実はこの「繭のなか」にこそ、絶対的自由のコスモスが広がっています。

・情熱に点火する

9月から11月頭、そして2025年1月から4月なかばは、熱い情熱を生きる時間です。

大恋愛に飛び込んでいく人もいれば、クリエイティブな活動に意欲を燃やす人もいるでしょう。ガンガン自己主張する人、大舞台で自己表現する人もいるだろうと思います。

内側から自分の殻を破り、激しいエネルギーを噴出させるような試みができるときなので、その力をきれいにコントロールすることは、むずかしいかもしれません。激しすぎる思いを爆発させたり、逆に思いきって前に出るべきところで炎をくすぶらせたりと、不器用な面が表れてあなた自身、とまどう場面があるはずです。そうした不器用さ、正直さこそが、最終的には「受け取るべき人に受け取られる」ことになります。

きれいにまとめようとか、丸く収めようなどと考えることは、この時期はほぼ、必要ありません。

むしろ、力を押さえ込むことなく、できるだけ爆発させてゆくことで、道がひらけます。

実は、この時期の「エネルギーの爆発」「エモーションの爆発」は、岩盤を砕く発破のような意味を持っています。

２０２５年なかば以降、あなたはここにトンネルを掘り、内なるものが自然に外に出て行く環境を創り上げる予定だからです。

２０２５年なかばから２０２６年なかばは「愛と創造の季節」となるのですが、そこでは２０２４年よりもはるかにスムーズに、はるかに発展的に物事が進展します。

たとえば、２０２４年後半にぶつかっていった相手と、２０２５年なかば以降、恋仲になれるのかもしれません。

あるいは、この時期チャレンジしたステージをだれかが見ていてくれて、そこから２０２５年にチャンスが巡ってくるのかもしれません。この時期に破れかぶれで作って出したものを、あとでだれかが認めてくれるのかもしれません。

この時期に一見失敗したようだったことが、2025年、別のかたちでの成功のルートに乗る可能性があるのです。

・生活を改革する

11月から2025年年明け、そして2025年4月なかばから6月なかばは「生活の改革」ができるタイミングです。

特に、生活習慣や就労条件、日々の役割分担において問題を抱えている人は、この時期にその問題を「根本解決」できるでしょう。

たとえば、喫煙や過食、過度の飲酒、睡眠不足などの悪癖を「なおさなければ」と思いつつも変えられずにいた人は、この時期思いきってそうした悪癖を「断ち切る」ことができるかもしれません。

また、自分に合わない仕事に苦しんでいた人、過剰なタスクにあえいでいる人、ストレスやプレッシャー、疲労をため込んで体調を崩しがちな人は、この時期に就労条件の変更を申し出たり、転職活動に取り組んだりして、状況を完全に変えられます。

・「閉じた世界」からの離脱

ある「集団」「チーム」「ネットワーク」のような場から、ふと離脱したくなるかもしれません。ここ10年以上愛着を感じていた「人の輪」から、自然に抜け出すことになるかもしれません。

その集まりに過度に依存していた自分に気づく人、その集まりから影響を受けすぎたことに不安を感じる人、その集まりの外側にも「世界がある」ということを思い出す人もいるでしょう。

人間集団はどんなに小さくとも、ひとつの「世界」になり得ます。

そこは外界に対してある程度閉じていて、共有する時間を重ねるほどに独自の文化やルール、価値観が生まれ、支配されていきます。

どこの家庭にもローカルルールや「うちの常識」が存在するように、ごく小さな友だち同士の集まりにも、おたがいだけに通じる言葉や文化が生まれます。「内輪」には「内輪」の縛りがかならず、できあがるものなのです。

だれもが無意識のうちにそうした「内輪」に取り込まれ、支配されます。

「内輪」には、固有のカルチャーがかならず存在します。「内輪」からひとりで外界に離脱したとき、そのことに気づかされます。

たとえば海外旅行に出たとき、カルチャーショックを受けたことがあるでしょうか。

友だちの家に遊びに行ったとき、自分の家とまったく違う世界がそこにあって愕然とする、といった経験もまた、「カルチャーショック」のひとつです。

２０２４年、あなたはなんらかの閉じたカルチャーの外側に出てゆくことになるようです。

この「離脱」の試みは２０２３年からすでに始まっていますが、２０２４年いっぱいで「離脱」が完了します。


離脱した先で、あなたは「ひとりで考える」ことを選択するでしょう。これはひとりぼっちになるということではなく、ある集団のカルチャーにどっぷりつかり、無意識のうちに支配されるような状況を「しばらく、避けよう」という気持ちになるのだと思います。

周囲には語り合える相手も、身内と呼べる人々もいます。

ただ、あなたはそこに固定的なカルチャーを作らないよう、努力するのかもしれません。ひとりになれる世界を確保したり、作った場に風穴を開けてできるだけ「閉じる」ことのないように気を配ったりするのかもしれません。

「人が集まれば、世界が生まれる。でもその世界は決して『すべて』ではなく、その外側にも別の世界がたくさん存在する」

このことを、2024年以降のあなたは何度も強く思い返すことになるでしょう。

2025年

・「見つける」年

2023年ごろから模索の旅、ひとり努力する旅を歩き続けてきた人が多いはずです。

模索や努力の過程は、ある意味「どこにもたどり着かない」状態で、不安感、モラトリアム的な感覚が強いものです。

「これだ!」と思えるものが見つからない状態は、一見、何ものにも縛られない「自由」な状態のようで、実際には宙ぶらりんの状態に閉じ込められた状態、と言えるかもしれません。

たとえば受験生、就活生、婚活中の人などは、新しい場所にたどり着くためにコツコツ模索を続けますが、この状態を先の見えない「閉じた」世界だと感じる人は少なくありません。2023年ごろからの時間には、そんな感触もあったはずです。

2025年はそんな「決まらない」閉塞感から、抜け出せるタイミングです。自分に合っていると思えるもの、場所、人、世界に、徐々に出会うことができる年なのです。

もちろん、一気にすべてが見つかるわけではないかもしれませんが、たとえば就職活動で言うなら、「内定をいくつかもらえる」ような状況に到達できます。ずっと探してきたのは「ここかもしれない」「この人かもしれない」「この活動なのかもしれない」と思えるものが、徐々に見えてくるのです。

「これかもしれない」という直観が最終的に「これだ！」という確信に変わるのは、２０２６年ごろです。

ですが少なくとも、２０２５年から２０２６年前半くらいまでに、選択肢があらかた出そろいます。「迷い続けている」「見つからないまま歩き続ける」状態からは、２０２６年前半までに完全に脱出できるはずなのです。

特に6月から8月は、強い光を感じられます。そろそろトンネルの出口にたどり着いた、という現実的な実感がわいてくるでしょう。

・「居場所を作る」時間の、スケールアップ

２０２４年なかばから２０２５年6月上旬は「居場所を作る」時間で、新しい住処を見つける人、新たな家庭を持つ人が少なくないはずです。

さらに7月以降、ひと回り大きなスケールでの「居場所の創造」のプロセスがス

タートします。ここから2033年にかけて、真に自由に生きるための住処を作る作業が展開するのです。

ここから数年かけてあなたが作る住処、居場所は、時代の変化をダイレクトに反映したものとなるでしょう。

新しい時代の価値観の洗礼を受けて、前例のないような人間関係、住居、暮らし方をクリエイトできる時間に入ります。

前項で「自由な生活」について触れましたが、ここからその「自由な生活」の模索が始まります。

ほかの人にとっての「自由な生活」と、あなたにとってのそれは、まったく違っていておかしくありません。ほかの人にとっての「鎖」が、あなたにとっては「翼」となることがあるのです。

大切なのは、自分自身の生きやすさ、呼吸のしやすさです。

どんな暮らし方、どんな住処、どんな環境が自分に合っているのか。だれとどう暮らすとき、自分の心が真に解放されるのか。それを常識や既存の価値観にとらわれず、ゼロから考えてゆけるのが、ここから2033年の時間帯です。

・愛の扉を開く

2024年の後半にガンガンノックして、愛の扉を開いた人もいるでしょう。あるいは2025年の春までに、それを実現した人もいるはずです。

これらのアクションは前項でも述べたとおり「岩盤に発破をかける」ような、少々荒っぽい、荒削りな、あるいは多少不器用なものだったかもしれません。それでも、その不器用さゆえに、絶対に割れないはずだった岩が割れる、といった奇跡が起こっていました。

2025年6月中旬から2026年6月にかけて、本格的な「愛と創造の季節」が到来します。

恋愛はもちろん、クリエイティブな活動にも強い追い風が吹きます。また、子どもを授かる人、何かしら愛を注ぎ込める対象に出会う人もいるでしょう。

2024年後半から2025年前半にぶち破ったカベの向こうに、大きく広がる花畑のような時間が2025年なかばからの1年です。2025年前半には「失敗した」と後悔していたことが、実は大成功への入り口だったとわかるのが、2025年なかば以降です。

2025年なかばから2026年なかばの「愛と創造の季節」は、魚座の人々にとってすべてのことが好調に運ぶ時期でもあります。

心身のコンディションもここから2027年前半にかけて、総じて上向くでしょう。

心が明るくなり、身も軽くなります。楽しいことがたくさん起こり、「生きててよかった！」と叫べるような時間を重ねていけるはずです。

また、1月から6月頭にかけて、とてもキラキラした、ラグジュアリーな時間をすごせるかもしれません。この時期も非常に楽しいことが起こります。

ここでは「より魅力的に変身する」人も多そうです。ファッションやヘアスタイルを刷新し、イメージチェンジして周囲をあっと驚かせることができそうです。

2026年

・「到着」の時間

2026年は「到着」の時間です。

2023年から、あるいは2012年からの長い長い旅路が、2026年2月までに終わるのです。

「ここだ！」と思える場所にたどり着く人もいるでしょう。

あるいは、今まで「迷子」のような気持ちだったのが、ここからは「このレールに乗る」というふうに、全体のルートをわかった上で先に進めるようになる人もいそうです。

「この場所で暮らそう」「このライフスタイルでいこう」「この人を愛してゆこう」というふうに、人生で長く大切にできるものを「選び取る」ことができます。

さらに、「ここに種をまき、コツコツ育てよう」というふうに、経済活動において長期的な努力のレールに乗る人も少なくないはずです。

長い模索が終わり、「これ」と決めたものを粛々と育ててゆく軌道に乗れるのです。

長かった閉塞感から解放されます。

得体の知れない不安が、いつのまにか消えているのに気づかされます。

ひとりぼっちだと思っていたのに、ふと見回すと、愛する人、親しい人にかこまれています。

帰るべき場所があり、守るべきものがあります。

「自分とは何か」「どう生きていけばいいか」「何が自分の幸福で、何が自由な生き方なのか」といった大きな命題に、今、自分なりの答えを語れます。

あるいは、答えが見つかっていなかったとしても、「答えがない」状況を新しいかたちで引き受けることができています。

2024年の入り口で抱えていた悩みは、今はまったく別のものに変わっています。

悩みだったことが強みになっていたり、不安だったことが夢に変わっていたりするかもしれません。

敵だった人が味方になり、自分を縛っていた相手がもはや、遠い過去に遠ざかっています。

・前半、愛と創造の時間

２０２５年なかばからの「愛と創造の時間」が、２０２６年6月いっぱいまで続いています。

うれしいこと、楽しいことの多い、すばらしい日々をすごせるでしょう。

心から愛せるものに出会う人、夢中で打ち込める活動を始める人が少なくないはずです。

恋人ができたり、パートナーシップを結んだり、子どもを授かったりする時期です。また、ペットを飼い始める人もいるかもしれません。

趣味や遊びにも勢いが出ますし、「ライフワーク」を見つける人もいるだろうと思います。

また、「才能を発揮する」場にも恵まれます。だれかに才能を認められ、引き出してもらえるかもしれません。自分の思いや力をぶつけ、それによって状況を大きく変えられます。

自己主張、自己表現、プレゼンテーションがしやすいときです。「自分」というものを、多くの人にわかってもらえます。「これこそが、自分のやりたいことだったんだ！」という世界を見つけ、飛び込んでいけます。

クリエイティブな活動に取り組んでいる人は、「大ブレイク」を果たせる可能性もあります。チャンスが巡ってきて、実力のすべてをぶつけ、大きく輝けます。

2023年ごろから「自分を出す」ことが怖かったり、思いや力をどこか抑制してきた人もいるかもしれません。抑え込むこと、フタをすることを選びがちだった人も多いでしょう。

2026年前半は、そうした抑制、フタをパーンとはずせる時間です。愛の場においてもこのことが当てはまります。「自分を出す」ことの意義と価値を、深く理解できるときです。

・後半、新しい役割と暮らしを作る

２０２６年６月末から２０２７年７月は「新しい役割を作る」時間です。転職する人、家庭や地域での役割分担を大きく変える人もいるでしょう。「役職」を得る人もいれば、「この人のためにがんばろう」「一肌脱ごう」というふうに、自分を取り巻く人間関係のなかで、自分なりに「ここ」とポジションを決めるような選択ができます。

暮らし方、ライフスタイルを刷新できる時期でもあります。働き方が変わり、生活習慣が変わり、それによって、人生が大きく変化し始めます。

人生は生活の集積です。生活が変われば、人生が変わるのです。

人生の大きな目標を立て、そこからブレイクダウンして、生活の条件を組み立てる人もいます。

その一方で、日々の小さな選択の積み重ねで、自然に人生の風景を作る、という生き方をする人もいます。

この時期はどちらを選ぶことも可能ですが、どちらかというと小さなことを積み上げて、ボトムアップ的に生活から人生を「組み上げる」ような選択をしたくなるかもしれません。日々のささやかな現実の幸福感、充実感、美を集めて、人生の全体像を作ってゆけるのです。


人から必要とされる喜びを感じられます。

また、だれかを必要とし、頼ったとき、相手がどんなに幸福になるか、それを目の当たりにする場面もあるでしょう。

人間は助け合って生きています。助けてもらうこともうれしいものですが、それ以上に、助けることに大きな喜びがあります。

ただ、助けたときに、相手がそのことを喜び、感謝してくれる、という条件は必要です。

もし、全力でだれかを助けたのに、相手がそのことに気づきもしなかったら、心のなかにはいくばくかの悲しみや孤独感が生まれざるを得ません。

助け合うことをたがいの喜びとするために、どんなコミュニケーションが必要なのか。この時期はその点も、大きなテーマとなるでしょう。

してあげることにも、してもらうことにも、人間的な思いがこもっています。その思いをどう汲み取り、共有するか、という点を学べるときです。

・新しい「欲」

２０２６年１月末から「欲」の感覚が大きく変わり始めます。

物欲や経済的な欲に関して、これまでとはまったく違った意識が芽生えるのです。

たとえば、これまで貯蓄に関心のなかった人が、コツコツ貯金を始めることになるかもしれません。

節約の意識を持たなかった人が、こまめに節約し始めるかもしれません。

休日返上でガンガン稼ぐことに生きがいを感じていた人が、ＱＯＬ（生活の質）を優先して仕事をセーブし始めるかもしれません。

住処は賃貸物件しかない！と言っていた人が、突然「家を買いたい」と言い始めるかもしれません。

ブランド品に目がなかった人が、突然コレクションをすべて売り払い、「プチプラ」に注目し始めるかもしれません。

できるだけ安い物を買うことに情熱を燃やしていた人が、突然高級品に「目覚める」かもしれません。

煙草をやめてお金を貯めて、あこがれの車を買おう！　といった目標を持つ人もいるでしょう。

これまでは自分のためだけにお金を使っていたけれど、これからは愛する人や子どものために稼ごう、という意識のシフトチェンジをする人もいるでしょう。

お金やモノに関する価値観が、ひと回りもふた回りも、スケールアップします。経済活動に関して大きな理想を掲げ、それに向かって一歩一歩、着実に進む道を選ぶ人が多いでしょう。

得ようとする財が大きければ大きいほど、計画は長期的なものになります。未来の欲が大きくなるほど、日々のお金にまつわる努力は、ストイックになるのです。

ここからの努力がかたちになるのは、2028年ごろかもしれません。あるいは、最終的に理想に手が届くのは、2039年ごろになる可能性もあります。

それだけ時間をかけて手に入れる価値のある「何か」がこの時期、視野に入ります。

・楽しい旅

9月中旬から10月、そして12月から2027年1月頭にかけて、素敵な旅ができそうです。この時期の旅では、かなり遠方に足を延ばすことになるでしょう。

ここでの旅には「出会い」が期待できます。

だれかに会うために遠出する人もいれば、遠出した先で大切な人に出会う人もいるはずです。

はじめて訪れた場所なのにふしぎな縁を感じ、何度か訪れるうちにそこに住み着くことになる、といった展開もあり得ます。

そこでの出会いが、人生を一変してしまう可能性もあります。

また、この時期は学ぶことがとても楽しく感じられます。

新しい学びを通して、だれかと出会えるかもしれません。

あるいは、出会っただれかが新しい知の世界に、あなたを導いてくれるのかもしれません。

3

テーマ別の占い

愛について

2023年ごろからなんとなく、自分に自信がなくなったり、愛にまつわる場で一歩後ろに引いてしまったり、自分の世界に閉じこもったり、といった状態だった人が少なくないはずです。

ですが2024年には、少しずつ自分を知り、新しい自分を模索することで、地に足の着いた自信がわいてきます。

さらに2025年からは前記のような抑制、抑圧の力が取り払われ、のびのびと自分を出せるようになります。その結果、愛の物語も大きく進展し始めます。

さらに2025年6月中旬から2026年6月はズバリ「愛の季節」です。すばらしい愛のドラマが展開し、その後の幸福に続いていく、「入り口」のタイミングです。

・パートナーがいる人

2024年はコミュニケーションの時間であり、さらに、後半からは「居場所を作る時間」に入ります。

ゆえに、パートナーとの関係はふだん以上に密度の濃いものになるでしょう。協力して生活を運営していこう、という意識が高まります。

さらに2025年なかばから2026年なかばは「愛の季節」です。パートナーとすばらしい愛の時間をすごせるでしょう。

倦怠期に入っていた人、おたがいへの関心が薄れがちだったカップルも、このあたりで新鮮な情愛がよみがえるかもしれません。素直な愛情表現ができるようになりますし、ふたりで楽しめる時間が増えます。この時期に子どもを授かる人も多そうです。

2023年ごろから、自分自身の背負うものが非常に重くなっています。ゆえに、パートナーへの配慮がおろそかになったり、自信のなさから愛に悲観的になったりして、パートナーとの距離が広がったと感じている人も多いのではないかと思います。

自己評価の低さ、劣等感や自責の念、罪悪感など、ネガティブな思いがまとわりついて、パートナーに素直に愛情表現することができなくなっていたかもしれません。

愛を受け取ることが怖くなったり、意味もなくパートナーに背を向けてしまったりした人もいそうです。

そうしたトンネルを抜け出せるのが、2025年です。愛すること、愛されることへの新しい手応えをつかめます。自分で自分を縛り上げ、閉じ込めていたということに気づき、パートナーに心を開く勇気がわいてきます。

一方、2023年からの孤独感や長い努力の時間を、パートナーががっちりサポートしてくれていた、という人もいるでしょう。パートナーとのコミュニケーションに支えられ、長い道のりを歩くことができている、という人もいるはずです。

2025年はそんなパートナーに、大きな愛情で報いることができる時期です。新しい愛の伝え方を見つけたり、相手にしてあげられることがわかったりするときです。

2025年なかばからの1年は、ふたりですごす時間を楽しむ心の余裕が生まれます。いっしょに楽しめるアクティビティが見つかるかもしれません。

たとえば「ペットを飼ったことで、パートナーとの会話が増え、冷たかった関係が一転、とてもあたたかなものに変わった」といったエピソードは、とてもポピュラーです。この時期のあなたの世界にも、それに似たことが起こるかもしれません。

・恋人、パートナーを探している人

２０２４年9月から２０２６年6月までのなかで、パートナーが見つかる可能性がとても高くなっています。特に２０２４年後半から２０２５年前半は、「当たって砕けろ」の熱意が功を奏します。

また、２０２４年なかばから２０２５年なかばは「居場所を作る」時間となっています。この時期はキラキラした恋愛を望む気持ちより、「家族を持ちたい」「家庭を築きたい」という思いが先に立つかもしれません。

長く生活をともにするパートナーを見つけやすいときです。「この人となら、安心して暮らしていけそうだ」という人を見つけ、つきあってゆくうちに、2025年なかば以降、意外なトキメキが胸にわいてきて、そこからキラキラの恋も始まる、といった逆転の展開もあり得ます。

2023年ごろから自己否定的な気持ちから愛に前向きになれなかった人、愛について非常にシニカルな態度を取っていた人も、2024年後半、胸にふしぎな情熱がわいてきます。

「とにかく動いてみよう」「あれこれ考えず、挑戦してみよう」という気持ちが、2026年のすばらしい結果につながります。

特に、容姿や年齢にまつわる悩みゆえに、みずから出会いを遠ざけていた人は、その悩みに真正面から向き合えるのが2024年から2025年です。

胸にこびりついたルッキズム的価値観を手放す人がいるでしょう。

一方、アンチエイジングやボディメイクに取り組む人もいるかもしれません。心の引っかかりの解決方法は、人それぞれです。

何に価値を見出すか、どんなふうに自分をとらえ直すか、というテーマは、実は「人をどのように見つめ、どのように愛するか」に直結しています。

人は、自分に当てるものさしで、他人を測ります。

自分を責める人ほど、実は内心で他者を辛らつに批評している可能性があります。自分をゆるすことは、他者をゆるすことにつながります。そこで自他を測るものさしが変わるからです。

2023年から2025年にかけて、あなたの「自分を測るものさし」が、大きく変わっていきます。それにしたがって、「他者のどこを評価し、どこに惹かれるか」も変わるのです。

２０２５年前半、鮮やかなイメージチェンジを果たす人が少なくないはずです。そこから愛のドラマが大きく進展し始める可能性があります。

この３年を通して、「自分」の生き方の変化を土台に、愛の物語が変わります。

・片思い中の人

２０２４年秋から、「動こう」という気持ちがわいてくるかもしれません。

２０２５年６月中旬から２０２６年６月にかけて、すばらしい愛の季節が巡ってくるのですが、それに向けてまず、片思いという膠着状態を崩し始められるのが、２０２４年後半なのです。


一方、２０２６年頭まで、警戒心が先に立って動けない人もいそうです。自信のなさや疑心暗鬼などが引っかかりとなり、「片思いしている」という殻のなかに閉じこもりたい気持ちが持続する人もいるだろうと思います。

２０２６年のバレンタインデーを境に、そうした「閉じこもる」姿勢が解除されます。閉じこもっていることで自分を守れるかというと、「決してそうではない」ということがわかってくるからです。

たしかに、深く傷ついたとき、外に出る準備ができていないときなどは、自分の世界に閉じこもることで自分を守れます。

ですが、その状態が過度に続いてしまうと、今度は閉じこもることによって傷つき始めることになるのです。

２０２６年2月までに、あなたは「片思いのなかに閉じこもる」ことが自分を苦しめ、傷つけていると気づくのかもしれません。

そこから出たとき、いきなり薔薇色の世界が目の前に広がっているのを見て、びっくりすることになるかもしれません。

・愛の問題を抱えている人

その問題が2023年ごろからのものならば、遅くとも2026年2月までには解決します。

この問題は「愛の問題」というよりは、あなた自身の問題、あなたの人生やアイデンティティにまつわる問題なのかもしれません。この問題をなんとか自分のものにし、決着をつけなければ、愛の関係にしっかり取り組むことができない、ということだろうと思うのです。

この時期、相手だけに問題があるように思えるなら、実は自分自身に問題があるのかもしれません。

あるいは逆に、自分ばかりを責めてしまってきたなら、それは見当違いなのかもしれません。

愛の関係には「鏡」のような機能があります。

相手のなかに自分の何ごとかを映し見る人もいれば、相手が自分と似てきたことではっとさせられることもあるのです。

相手が何かを決めてくれないとイライラしているとき、実は何も決めていないのは自分だったりします。

相手が勝手に決めてしまうと怒っているとき、自分もまた、先に結論を出してしまっているのかもしれません。

愛の問題がこじれたときは、特に２０２６年２月までは「一時的に距離を置く」「ひとりになってみる」ことがかなり効果的です。

２０２６年2月以降は、むしろ心を開くこと、腹を割って話すこと、時間や労力を共有することによって、問題が解決していくかもしれません。

仕事、勉強、お金について

・「ひとりでやる」自由

2023年ごろから「ひとりで取り組む」「コツコツ積み重ねる」プロセスのなかにあります。仕事においても、そうした流れのなかにある人が多そうです。

たとえば、テレワークが定着し、ひとりで仕事をする時間がぐっと増えた人も多いでしょう。作業形態だけでなく、集団や組織を離れ、独立して仕事を始めた人もいるかもしれません。

人から指示される立場から、自分自身で判断・裁量できる立場に変わった人もいそうです。

サポートしてもらったり、守ってもらったりする立場から、人を管理したり指導したりする立場に変わった人もいるだろうと思います。

責任が重みを増し、「自分でできること」が増えたぶん、「勉強しなければ」「もっとスキルを身につけなければ」といった緊張感も強まってきているはずです。

「ひとりで取り組む」というと、孤独になるとか、仲間はずれになるといったイメージが浮かぶかもしれませんが、この時期に起こることは決してそうではありません。

むしろ、周囲の人々からの指示や制約を抜け出し、「自由に仕事ができるようになる」という変化が起こっているのだと思います。

人といっしょにやっているときにはわからなかったことがわかりますし、試せなかったことを試せます。

「これはたしかに、自分の力で成し遂げたことだ」と言える実績を一つひとつ積み重ね、自信に変えてゆけます。

責任が重くなる時間なので、昇進したり、リーダー的な立場に立ったりすることになる傾向があります。

役職を引き受けるかどうか、迷うようなシチュエーションもありそうですが、この時期のオファーは最終的に、あなた自身のためだけのものではなく、周囲の人々、また、後進の人々のためのものでもあるようです。

この「3年」を通して、仕事の場で「ひとつ大人になる」ようなイベントが何度か、起こるでしょう。

多くの人の精神年齢は実年齢よりもかなり若いようですが、この時期、自分の精神年齢をぐっと「年相応」へといいかたちで引き上げることになるかもしれません。

・学びについて

２０２３年なかばから２０２４年５月にかけて、すばらしい「学びの季節」となっています。

特に、２０１８年ごろから新しい研究や勉強、発信活動などを始めた人が少なくないはずですが、その新規な試みが２０２４年前半、大きな実を結ぶかもしれません。

知的活動においてあれこれ模索を続けてきたなかで、「これだ！」と思えるものを見いだせます。

２０１８年からの時間は、知的活動における「変革期」で、単に知識や情報が増えることにとどまらず、価値観を根本的に変えていくような、非常に挑戦的な試みだっただろうと思います。その挑戦的な学び、価値観の改革のプロセスが、２０２６年４月には一段落します。

その長い道のりの途中にある2024年前半に、ひとつのクライマックス、ゴールに手が届くのです。

新しい時代にキャッチアップするための学び、新規な技術や研究成果を利用するための学び、より多くの人とコミュニケーションをとるための学びがはかどる時期です。

人間は年齢を重ねるほど、つい自分の世代の文化や、均質性の強い集まりのなかに閉じこもりたくなるものですが、この「3年」は意識的に「自分の世界」の輪から抜け出し、より新しいこと、外側にあるものに触れようとする人が多いはずです。

また、前述のとおり2023年から「自分を見つける・作る」時間のなかにあるため、自分を鍛え上げるように学び続けている人も多いでしょう。

特に2023年から2026年1月までの時間は、「独学」の気配が強くなっています。人とともに学んだり、導かれたりする場面がないわけではありませんが、自分自身でカリキュラムを組み、自分で自分を鍛えていく、という意識が強いはずです。

多くの子どもが、「勉強は先生や親にやらされるもの」というイメージを抱いていますが、大人になってからの勉強は、自分自身で選択し、進めることでしか実現できません。

この時期は特に「自分自身の意志と才覚で学んでいる」という手応えを感じられるでしょう。

・お金について

２０２５年3月末から、あなたの経済活動は新しい時代に入ります。

ここから「物質的に、こんな暮らしがしたい」「こんなモノが欲しい」「このくらいお金を稼ぎたい」といった理想がふくらみ始めるのです。

さらに、2025年なかばから2028年ごろにかけて、その理想を現実に変えるための、非常に具体的な試みができます。時間をかけて挑戦し、お金やモノにまつわる夢を叶えられるのです。

もしかすると2025年1月末から6月頭くらいまでのなかですばらしい文物、美しいものや暮らしに触れる経験を得て、「自分の力でこんな美しい生活を実現してみたい！」「もっとがんばれば、よりゴージャスな生活に手が届くかもしれない」といった夢が、胸に刻みつけられるのかもしれません。

そして、2025年から特に2028年ごろまでのなかで、かなり現実的な努力を重ね、夢の一部を叶えることができるかもしれません。

あるいは、今まで望みながらも「自分には無理だ」とあきらめていた自立や自活について、「もしかしたらできるかもしれない」という可能性を感じられるようになるのかもしれません。

経済的に自立している人、成功している人を見て「あんなふうになれたらな」とうらやましがっていた状態から、「本気でそうなれるよう、がんばってみよう」という静かな意欲がわいてくるかもしれません。

２０２５年から２０２６年の段階では、理想と現実のギャップが大きすぎて、しばしば自信をなくしたり、無力感を抱いたりする場面もあるかもしれません。ですが、２０２７年、２０２８年と歩を進めるにしたがって、だんだんとあなたの努力がかたちになり、実を結ぶことになります。

「千里の道も一歩から」と言われますが、最初の10歩くらいは本当に心もとなく、心細いものです。２０２６年はまだ、そのくらいの段階です。でも、確実にその道は、目的地に続いています。

経済活動について、一つひとつ石を積んで、最終的に大きなお城を築くようなプロセスが、2025年から始まります。

短期的には2025年前半が、経済的にうれしい出来事が多い時期となっています。収入がアップしたり、欲しいものが手に入ったりするときです。

家族、居場所について

2024年5月末から2025年6月上旬にかけて、「居場所を作る」時間となっています。この時期、新しい家族を得たり、家庭を持ったりする人も多いでしょう。すでに家族がいる人は、ここで家族のために多くの時間と労力を注ぐことになりそうです。家族とすごす時間、家ですごす時間が増えます。

また、住み替えや家族構成の変化が起こりやすいタイミングでもあります。生活環境や家族内での役割が変わり、暮らしを包む空気が一変しそうです。

さらに2025年7月以降、よりスケールの大きな「居場所の変化」が起こります。ここから2033年にまたがって、非常にふしぎな、イレギュラーな変転を経験する人が少なくないはずです。

たとえば、家族がそれぞれの夢のために、バラバラに暮らすような状況が生じるかもしれません。

あるいはあなた自身が星を転々とする長い宇宙旅行のような生活を選ぶのかもしれません。

いろいろな人と生活の場をシェアしてみて、そこから自分らしい暮らし方を見つけだそうとする人もいそうです。

また、自分の心を守るため、心の傷を癒やすために、家族から離れる選択をする人もいるだろうと思います。

「居場所」は「心」の表れだと言われます。

たとえば、いわゆる「ゴミ屋敷」と呼ばれるような状況は、そこに住む人の心を映し出している、という説があります。

心が追い詰められ、疲れているときは、身の回りも散らかりがちになります。

一方、元気で健やかにすごしているときは、部屋のなかや机の上も、比較的スッキリ片づいているものです。

２０２５年なかば以降の魚座の世界では、「心」と「居場所」の結びつき、反映の度合いが、いつも以上に強くなります。

第三者には理解できない経緯、または自分でも「妙な理由だなあ」と思える理由で引っ越すことになったとしても、それはあなたの心のニーズに応える、適切な選択です。

「そうならざるを得なかった」という納得感が心に深く降りているなら、その移動が一般的にはどんなに理解不能でも、心のニーズに応じて「なるべくしてなっている」のです。

また、居場所を変えることで心のありようを変える、といった試みもできるときです。人生を変えるための引っ越し、自分を変えるための移住を実現できるのが、2025年から2033年の時間帯です。

「人生を変えるための移転」は、この時期1回ではすまない可能性もあります。あちこちを転々としながら「最終的な着地点」を探し出す人が少なくないはずです。

この3年で悩んだときは——「自分になる」時間

「あなたはひとりではない」というメッセージを、昨今いろいろな場で目にします。

一方、古来「人間はしょせん、ひとりで生まれてきて、ひとりで死んでゆく」と語られます。

どちらも、一片の真実をとらえています。

人間は集団を形成して生きる生き物で、ひとりで大自然に放り出されたら、なかなか生き延びられません。人間社会に暮らしている、というだけで、私たちは「ひとり」ではありません。

ですがその一方で、大都会に暮らしながら、だれと話すこともなく、だれと助け合うこともなく、心を開く相手を一切持たない人が、この世にはたくさんいます。

たとえ他者との関わりを無数に持っていても、いざというとき最後まで助けてくれる相手がいる、という人は、ごく幸運な人です。

ふだん、ニコニコしながらつきあっているのに、ひとたび自分が苦境に陥ると、波が引くように人々がさあっといなくなり、ひとりぼっちになってしまう、という現象は、ちっともめずらしくありません。

昨今では「関わらないほうが賢い」として、道端で人が倒れていても、なかなか助ける人が現れない、といった状況もよく見られると聞きます。

どんなにたくさんの人が集まっていても、人は、ひとりです。

だれかに助けられた経験のある人は、他者を助けることに意欲的な傾向があるそうです。

だれにも助けてもらったことのない人は、そもそも人の助け方がわからないので、助けを求められてもその場を離れる選択をしやすいのだと言います。

人から助けてもらっても、それに気づかない人がいます。

人を助けたのに、なかば無視されてしまう人がいます。

「悩みを聞いてもらったら心が落ち着いた」という人もいれば、「話を聞くだけで何もしてもらえなかった」と落胆する人もいます。

家族やパートナーがいるのに、熱を出しても何もしてもらえない人がいます。

ひとりぼっちで暮らしているのに、体調を崩せばいろいろな人が手を貸してくれる、という人がいます。

人間はひとりではないのか、それとも、ひとりなのか。

孤独は自分のせいなのか、それとも、どうにもできないのか。

愛されているのは、愛したからなのか。

解けない謎です。

この「3年」のなかで、あなたはある種の孤独感を抱くかもしれません。

その孤独はすでに2023年から始まっていて、あなたの心に根を下ろしつつあるのかもしれません。

とはいえ、この「孤独」は、周囲にだれもいないとか、人に嫌われるとかいうことではないようです。

まわりには話し相手がいて、あたたかな場にも恵まれています。2024年の始まりの段階でそうしたものがなくとも、この「3年」のなかで、あなたはさまざまな人間関係と愛情に包み込まれます。その意味で、厳密には「孤独」ではありません。

ここで言う「孤独」とは、純粋に、あなた自身の思いを指します。

「こんな思いは、だれにもわかってもらえない」

「この悲しみは、自分で引き受けてゆくしかない」

「ここからどう生きていけばいいかわからない」

たとえば2023年ごろからのそんな思いが、あなたの心のなかに、だれも入ることのできない砦を作っているのかもしれません。

こうした思いは、決して珍しいものではありません。

人生のさまざまな局面で、多くの人がごくふつうに経験することです。

「何もないのに、むやみに不安になる」「幸福でいっぱいのはずなのに、怖くて仕方がない」などの現象もしばしば、起こります。

華やかに祝われながら心に孤独を抱え込むマリッジブルー、マタニティブルーは、ごく一般的です。

おそらく、こうした孤独感は、2025年のなかばに薄らぎ始め、2026年のバレンタインデーまでには、はっきりと消えていきます。

では、こうした出口のない思い、胸のなかの檻《おり》のような孤独感には、意味がないのでしょうか。

実は、ここであなたが「自分ひとりで抱え込む思い」には、非常に大きな意義があります。

それは、人生の根幹をなすような、とても重要な思いなのです。

孤独を打ち消そうとしたり、ごまかそうとしたり、「克服」しようとしたりすることは、この時期、必要ありません。

ネガティブな思い、後ろ向きな思いを「消すべきだ」「乗り越えるべきだ」という言説は多々ありますが、人間は思い悩むことなしに、人生に意味を与えられないのです。

この「3年」のなかであなたが抱く孤独、不安、悲しみなどは、「現実の出来事」として起こるものというよりは、あなた自身の問題意識、人生のひとつの局面として体験されることなのだと思います。

その直接的原因と目されるような事象は、すでに2024年の始まりの段階では、「過去のこと」です。

人生の大切な出来事が起こり、そこから私たちは感情をわき上がらせ、考えを深め、深めた考えで「自分自身」を再構築します。

人のアイデンティティは経験と記憶、過去の思いでできていて、年齢を重ね、経験を積むごとに、それは深みを増すのです。

多くを経験したはずなのに、妙に薄っぺらな人もいます。

その人はおそらく、孤独や不安、悩みや悲しみを、深く生きたことがないのだろうと思います。

人間の魅力や強さを作るのは、一般に「ネガティブ」とされる思いを真剣に生きた経験のみです。

２０２６年、あなたの人間的な魅力はかつてなく明るく輝いているでしょう。それは、２０２３年からの一連の「孤独」の経験から生まれる光です。

「自分自身と向き合う」という言い方は人口に膾炙《かいしゃ》していますが、言われる頻度ほどには、実行に移されてはいません。それは本当に恐ろしい、命に関わるような危険をともなう試みだからです。

だれもが言い訳をし、深い自己批判を避け、表面的な自己否定に終始してお茶をにごします。

自分をごまかし、問題を先送りし、面倒なことやイヤなことを避け、見せたくないものを隠しながら生きています。そうしなければ、日常生活がうまくゆかないからです。

でも、この「3年」のあなたはたぶん、そうした生活の手立てを棚に上げます。そして、本気で「自分自身と向き合う」ことに挑戦することになります。

あなたにそんな決意をさせた出来事は、すでに過去のものです。

過去の出来事からすばらしい贈り物をサルベージするために、あなたは自分の深淵を見つめ、見つめ返されながら、２０２６年の始まりまでの時間を、真に価値あるものとして生きるのだろうと思います。

4

3年間の星の動き

2024年から2026年の星の動き

星占いにおける「星」は、「時計の針」です。

12星座という「時計の文字盤」を、「時計の針」である太陽系の星々、すなわち太陽、月、地球を除く7個の惑星と冥王星（準惑星です）が進んでいくのです。

ふつうの時計に長針や短針、秒針があるように、星の時計の「針」である星たちも、いろいろな速さで進みます。

星の時計でいちばん速く動く針は、月です。月は1カ月弱で、星の時計の文字盤である12星座をひと巡りします。ですから、毎日の占いを読むには大変便利ですが、本書であつかう「3年」といった長い時間を読むには不便です。

年単位の占いをするときまず、注目する星は、木星です。木星はひとつの星座に1年ほど滞在し、12星座を約12年でまわってくれるので、年間占いをするのには大変便利です。

さらに、ひとつの星座に約2年半滞在する土星も、役に立ちます。土星はおよそ29年ほどで12星座を巡ります。

もっと長い「時代」を読むときには、天王星・海王星・冥王星を持ち出します。

本書の冒頭からお話ししてきた内容は、まさにこれらの星を読んだものですが、本章では、木星・土星・天王星・海王星・冥王星の動きから「どのように星を読んだのか」を解説してみたいと思います。

木星：1年ほど続く「拡大と成長」のテーマ
土星：2年半ほど続く「努力と研鑽」のテーマ
天王星：6～7年ほどにわたる「自由への改革」のプロセス
海王星：10年以上にわたる「理想と夢、名誉」のあり方
冥王星：さらにロングスパンでの「力、破壊と再生」の体験

2024年から2026年の「3年」は、実はとても特別な時間となっています。というのも、長期にわたってひとつの星座に滞在する天王星・海王星・冥王星の3星が、そろって次の星座へと進むタイミングだからです。

天王星は2018年ごろ、海王星は2012年ごろ、冥王星は2008年ごろ、それぞれ前回の移動を果たしました。この「3年」での移動は、「それ以来」の動きということになります。

たとえば、前々回天王星が牡羊座入りした2011年は東日本大震災が、冥王星が山羊座入りした2008年はリーマン・ショックが起こるなど、長期的な時間を刻む星々が「動く」ときは、世界中が注目するようなビビッドな出来事が起こりやすいというイメージもあります。

もちろん、これは「星の影響で地上にそうした大きな出来事が引き起こされる」ということではなく、ただ私たち人間の「心」が、地上の動きと星の動きのあいだに、そのような象徴的照応を「読み取ってしまう」ということなのだと思います。

とはいえ、私がこの稿を執筆している2022年の終わりは、世界中が戦争の緊張に心を奪われ、多くの国がナショナリズム的方向性を選択しつつある流れのなかにあります。また、洪水や干ばつ、広範囲の山火事を引き起こす異常気象に、世界の多くのエリアが震撼する状況が、静かにエスカレートしている、という気配も感じられます。

この先、世界が変わるような転機が訪れるとして、それはどんなものになるのか。

具体的に「予言」するようなことは、私にはとてもできませんが、長期的な「時代」を司《つかさど》る星々が象徴する世界観と、その動きのイメージを、簡単にではありますが以下に、ご紹介したいと思います。

ちなみに、「3年」を考える上でもっとも便利な単位のサイクルを刻む木星と土星については、巻末に図を掲載しました。過去と未来を約12年単位、あるいは約30年スパンで見渡したいようなとき、この図がご参考になるはずです。

・海王星と土星のランデヴー

２０２３年から土星はあなたの星座、魚座に入りました。２０１２年から海王星も魚座にあり、２０２４年の入り口では2星があなたのもとに同座した状態になっています。

2星はこのままよりそうように進み、２０２５年には牡羊座へと歩を進めます。

２０２５年秋に一度魚座にそろって戻ったあと、２０２６年2月、牡羊座への移動を完了します。

魚座は海王星の「自宅」であり、とても強い状態です。

魚座の人にとって魚座は「自分の星座」、星占い的には「第一室」と呼ばれる場所です。

この場所は「アイデンティティ、自分自身、スタートライン、身体、第一印象、健康」などを管轄としています。

２０１２年ごろからあなたは、自分のアイデンティティについて深く考え続けてきたかもしれません。

自分とは何なのか、何が「自分らしさ」なのか、どんな生き方をしたら幸福になれるのか、といったことを、自分なりに模索し、ときには周囲がびっくりするような選択をしたこともあったのではないかと思います。

ただ、2012年からのそうした模索は、どこか観念的な、あるいは精神的な局面にとどまるものだったのかもしれません。

イマジネーションのなかで、心のなかで、ずっとひとつの道を歩き続けるような体験だったのかもしれません。

2023年からは、土星がそこに「参加」してきました。

土星はごく現実的な動きを象徴する星です。たとえば責任、義務、努力、経験、問題意識、危機感などが土星の象意です。

2012年ごろから心のなかで、イメージのなかで追い求めてきたものを、2023年から現実のテーマとして置き直し、具体的な行動をとり始めたあなたがいるのではないでしょうか。

これまで心のなかで歩き続けてきた道が、今度は現実の、目の前につながってゆくのです。

「自分らしい生き方」「自分の使命」「新しいアイデンティティ」等々、決して人任せにできない大切なものを、この時期のあなたは時間をかけて探し出し、築き上げます。

土星と海王星がそろってあなたのもとを出てゆく2026年2月までに、何かしら「これだ！」と思えるものができあがるはずです。

2025年から2026年頭にかけて土星と海王星が移動していく先は、あなたから見て「お金、所有、獲得、経済活動、ゆたかさ、実力」の場所です。

ここから2028年ごろにかけて、経済的な基盤をしっかり作ってゆける時間となります。

一つひとつ石を積んで長く使えるたしかな水路を作るようなプロセスが展開するでしょう。

「手に職をつける」人、お金の流れをきちんと整理し、管理する人、長期的に安定した収入の途を開拓する人もいるはずです。

最初は経済的な不安や悩みが出てくるかもしれませんが、2、3年後にはその不安が、経済力への自信へと変わっているはずです。

・木星と天王星、発展と成長のルート

成長と拡大と幸福の星・木星は、この3年をかけて、牡牛座から獅子座までを移動します。

特徴的なのは、この時期天王星も、木星を追いかけるようにして牡牛座から双子座へと移動する点です。

天王星が牡牛座入りしたのは２０１８年ごろ、２０２４年に入る段階では、木星とこの天王星が牡牛座で同座しています。

２０２５年、木星は6月上旬まで双子座に滞在します。追って7月7日、天王星

が双子座へと入宮するのです。

天王星と木星の共通点は、両者が自由の星であり、「ここではない、どこか」へと移動していく星であるということです。

何か新しいものや広い世界を求めて、楽天的にどんどん移動していこう、変えていこうとするのが2星に共通する傾向です。

2星には違いもあります。

木星は拡大と成長の星で、膨張の星でもあります。物事をふくらませ、袋のようにぽんぽんいろんなものをなかに入れていくことができる、ゆたかさの星です。

一方の天王星は、「分離・分解」をあつかいます。「改革」の星でもある天王星は、古いものや余計なものを切り離していく力を象徴するのです。天王星が「離れる」星なら、木星は「容れる」星です。

２０２４年前半、木星と天王星は魚座から見て「コミュニケーション、学び、移動、兄弟姉妹、地域コミュニティ、短い旅」をあつかう場所に同座しています。２０２３年なかばから２０２４年前半にかけて、新しいコミュニケーションがどんどん生まれます。

今まで関わったことのないような相手と話し合う機会に恵まれ、行動範囲もどんどん広がるでしょう。

知的好奇心を刺激され、どんどん新しい知識や情報を吸収できます。

２０１８年ごろからいろいろな分野に興味を持ち、あれこれかじってきた人もいるはずですが、２０２４年は「これ！」と思えるものを見つけ、ぐっと掘り下げるルートに入れるかもしれません。

長らく「何かおもしろいことはないかな」と探してきたプロセスの先で「これだ！」という出会いがあるときなのです。

自分にぴったり合った学びのテーマ、発信のスタイルなどを見いだせます。

兄弟姉妹や幼なじみ、近所の人などとの関係性が大きく変わる気配もあります。地域コミュニティで新しい活動を始める、といった展開もありそうです。

2024年なかばから2025年なかば、木星は「居場所、家族、ルーツ、住環境」へと移動します。この時期、新しい居場所を得る人が少なくないでしょう。引っ越しや家族構成の変化、結婚や出産、介護などにまつわる生活環境の変化などが起こりやすいタイミングです。

この時期に起こる変化は、もしかすると「序章」「予告編」のようなことなのかもしれません。

というのも、2025年なかば以降、天王星が同じ場所に入ってくるからです。木星は12年に一度巡ってきますが、天王星は84年に一度ですから、より「レア度」の高いイベントが「居場所」に関して、2025年からスタートすることになります。2033年までのなかで、2023年のあなたが聞いたらびっくりするような住処ができあがります。

2025年なかば、木星はあなたにとって「恋愛、好きなこと、趣味、子ども、クリエイティブな活動、才能、遊び、ペット」の場所に移動します。ここから2026年なかばにかけて「愛と創造の季節」です。すばらしい愛を生きられるでしょう。

恋愛はもちろん、子どもを授かる人、夢中になれるものに出会う人、ライフワークを見つける人、クリエイティブな活動を始める人、ペットを飼い始める人もいるはずです。愛せるもの、没頭できるものを見つけ、新しい「生きる喜び」を味わえるときです。

さらに2026年なかばから2027年なかば、木星は「就労条件、日常生活、習慣、訓練、義務、責任、役割、健康状態」の場所に入ります。

この時期、ライフスタイルが大きく変わりそうです。

働き方が変わったり、周囲との役割分担が変わったり、生活習慣、体質、時間の使い方などが変わったりするときです。

転職活動をする人、長年の問題の解決に取り組む人もいるでしょう。

悪習を改め、健康な生活を実現できるときでもあります。生活を変えることで、人生を変えられます。

・冥王星の移動

２０２４年11月、冥王星が山羊座から水瓶座への移動を完了します。

この移動は２０２３年３月から始まっており、逆行、順行を繰り返して、やっと２０２４年に「水瓶座へ入りきる」ことになるのです。

冥王星が山羊座入りしたのは２００８年、前述のとおりリーマン・ショックが起こったタイミングでした。

冥王星は「隠された大きな財、地中の黄金、大きな支配力、欲望、破壊と再生、生命力」等を象徴する星とされます。この星が位置する場所の担うテーマは、私たちを否応ない力で惹きつけ、支配し、振り回し、絶大なるエネルギーを引き出させたあと、不可逆な人間的変容を遂げさせて、その後静かに収束します。

２００８年から冥王星が位置していた山羊座は、魚座から見て「友だち、仲間、希望、夢、未来、自由、フラットなネットワーク、個人としての社会参加」などを象徴する場所です。

２００８年ごろから仲間を作ること、人を集めること、あこがれの人とつながることなどに情熱を燃やしてきたあなたがいるかもしれません。あるいは、全力で夢を追いかけてきた人もいるでしょう。

また、ボランティア活動や社会活動などに意欲を燃やしてきた人もいそうです。より大きく広い世界に個人として出てゆき、多くの人の輪のなかに身を置くことが、この時期のあなたの野心の核となっていたのではないかと思うのです。

結果、強い求心力で人の集まる場を作ったり、ネットワークを形成したりできたかもしれません。

あなたを慕う人、愛情をもって接してくれる人、強い友情で結びついた人がぐっと増えたかもしれません。

その一方で、そうした人々との関わりにどこか「振り回されていた」「支配されていた」ような思いもあったのではないでしょうか。

この配置が終わる2024年、あなたは今まで作ってきた場や人間関係から、少しだけ距離を置いているかもしれません。

「少しひとりになってみたい」という思いがわいてきて、静かな時間を確保し始めているかもしれません。

2024年、冥王星が移動していく先の水瓶座は、魚座から見て「救い、犠牲、救済、秘密、過去、隠棲、未知の世界」などを象徴する場所です。

ここから2043年にかけて、あなたは自分の心の深い場所を、長い時間をかけて旅することになるでしょう。

過去と向き合い、だれも入れない世界を作り、ごくわずかの人にだけ心を開く習慣を持つことになるのかもしれません。

この期間に起こることは、第三者の目には触れません。

どうしても向き合えなかったことに向き合い、触れられなかった思いに触れ、自分で自分を救い出すような取り組みができます。そして、それにそっと手を添えてくれる味方に恵まれます。

だれもが心のなかに、人生の核となるような悲しみや痛みを抱えています。

そうした悲しみや痛みが認知のゆがみにつながり、人生全体をゆがめてしまうこともあります。

こうしたゆがみの真ん中に降りていき、これをていねいにときほぐして癒やすことこそが、この期間にあなたが情熱を注ぎ続けるテーマなのだと思います。

5

魚座の世界

魚座について

うお座は「双魚宮」、二匹の魚がおたがいの尻尾を紐で結ばれた姿をしています。二匹のあいだにはペガサス座が位置しています。

ギリシャ神話では、宴会に乱入した怪物テュポーンに驚いたアプロディテ（ヴィーナス）とエロース（キューピッド）が魚に変身し、逃げ出した姿と言われます。

古代メソポタミアの星座絵では、二匹の魚のあいだに四角い「野（耕作地）」がある様子が示されています。二匹の魚とその尻尾の紐はそれぞれがチグリス川とユーフラテス川で、「野」はバビロン市だとも言われます。古代オリエントでは降雨を当てにした農業ができないような、乾燥した地域に耕作地と都市が生まれました。河口近くの大河の水こそが、もっとも大切な水源だったのです。

魚座の象意に「救済・救い」があります。ギリシャ神話からも「難を逃れる＝救い」という象意を汲み取れなくはありませんが、メソポタミアの星座絵の「救い」のほうが、ずっと大スケールです。それは文字どおり命を支えるもの、世界を救うものだったのです。

さらに言えば、大河から水を引いた大規模な耕作を可能にしたのは、灌漑《かんがい》技術でした。水瓶座は灌漑技術そのものに関係が深いとされていますが、魚座もまた、古代において、大河と耕作地の関係を具体的に描いた星座です。

自然と人間は古来、闘い続けてきました。しかし魚座の世界では人為と自然が一体化しています。

敵対していた大自然に対し、灌漑事業とそれにともなう都市の建設は、和解と融合を試みるような営為と言える気がします。

魚座は「境界線を越える」星座です。

この星座の成り立ちもまた、大自然と人間の営みの境界線を、とけあわせてしまっています。命の水という救いを、自然と人為のとけあうところに実現させているのです。

古いキリスト教の世界では、キリストが「魚」の図で示されることがありました。魚座のイメージと、イエス・キリストのイメージはしばしば、重ね合わせられます。もちろん、魚座の人々がすべてだれかや何かを「救う」というわけではありません。

ただ、魚座の人々は、傷ついた人や弱った人に対して、非常に親切です。

このやさしさは、深い親しみとして示されます。

たとえば、深い絶望と悲しみに落ち込む人がいたとき、その周囲にいる人は「どうやって接すればよいのだろう」と悩みます。かえって傷つけてはいけない、という思いから、腫れ物にさわるようにして、結果、遠ざけてしまうこともよくあります。

その点、魚座の人はそうした「別あつかい」をすることがありません。苦しむ人を「自分にはわからないもの」としてとらえず、その人のそばにゆくことができるのです。

魚座の人々の心には、非常に純粋な、本質を見つめる気持ちが満ちています。表面的にどんなに辛らつでも、どんなにシニカルだったとしても、心の奥にはふしぎな、純粋な「善」があって、それがどんなときにも変わりません。魚座の人々は肝心なところでは決して、まちがえません。

そのときにもっともだいじなものは何か、ということを見失わないからです。

　ほかの人々が表面的な事情や損得、見せかけの合理性、力関係や立場などに気を取られ、容易に本質を見失ってしまうような場でも、魚座の人々だけは「本当にだいじなこと」を見逃さないでいられるのです。

「本当にだいじなこと」を見失わないがゆえに、ほかのことについては魚座の人々は「変幻自在」です。

　強くも弱くもなりますし、やさしくも厳しくもなれます。誠実にもずるくも、かたくもやわらかくもなるのです。

「魚座の人々はこんな人です」と描写することがむずかしいのは、そのためです。潔癖症だった人が数年経ったら、まったく無頓着になっている、ということさえ、珍しくないのです。

　こうした変容、極端な振れ幅は、一貫性のなさからくるものではありません。むしろ、根っこのところに非常に清らかで純粋な、絶対的な一貫性があるからこそ、可能になります。

この「一貫性」は、信念とか理想とか、なんらかの「アイデア」「考え」ではありません。

そうではなく、人間存在が生きていくときに絶対に必要になるもの、それさえあれば「大丈夫」と言えるような何かです。

たとえばだれもが子どものときにはとても純良な感情を持っています。学習や経験を重ね、徐々に大人としての打算や功利主義、保身の感覚などが身につきます。

魚座の人々ももちろん、そうした学習をします。ただ、肝心なところに立ったとき、魚座の人々はするりと身につけたものを脱ぎ捨てて、子どものように純良な思い「だけ」に立つことができるのです。

私たちの世界は、名前や肩書き、ルールや組織など、さまざまな境界線で区切られていています。

そうした境界線について学ぶことこそが、「大人になる」ということです。言葉や論理も、境界線のひとつです。物事を切り分けるもの、「ことわり」が言葉や論理だからです。

魚座の人々は、そうした境界線を突然「無視する」ことができます。現世的な境界線を「無効」にして、人の心や物事の真髄にするりと触れるのです。すうっと人の心に近づき、癒やしてしまうことも得意です。

前述の「悲しみ苦しんでいる人のそばにゆく」という魚座の人々の特技は、ここからきています。魚座の人々は苦しむ人を「ふつうではない状態」と隔ててしまわず、あえて「ふつうに接する」ことができます。

実際、激しい悲しみや苦悩に教われた経験を持つ人が、「みんながふつうに接してくれたので、救われた」と語ることがあります。突発的に屹立する社会的な境界線を「越える」ということは、そういうことなのだと思います。

古代メソポタミアの星座絵に、うお座は「二匹の魚」ではなく、「一匹の魚と、一羽のツバメの尻尾が、紐で結ばれている」ものもあります。

この絵柄には、なぞなぞのようなふしぎな魅力が感じられます。

魚座の人々が「変幻自在で、どこにでも行ける」ことを象徴している、と考えることもできそうです。

ですが、ツバメは海に入れませんし、魚は空では生きていけません。

一方が勝手に振る舞えば、もう一方は死んでしまいます。と考えると、この構図は「愛」を連想させます。違い合ったふたりが、たがいのために「踏みとどまる」ポイントがあるというイメージがわくからです。

だれもが自由を望みながら、その一方で、どこかに帰属すること、だれかと愛し合うことにあこがれます。

導かれたいと願いながら、反抗の情熱を胸に秘めています。

人の心は決して、一様ではありません。矛盾したたくさんの風船のような思いを、ひとつの心でつかみまとめながら生きています。

魚座は、人間の心の秘密の根っこを、そのままに生きることのできる世界なのだと思います。

おわりに

これでシリーズ4作目となりました「3年の星占い」、お手にとってくださって誠にありがとうございます。

これまで毎回、冒頭にショートショートを書いてきたのですが、今回はあえて小説の形式をやめ、「象徴の風景」を描いてみました。

というのも、2024年から2026年は長い時間を司る星々が相次いで動く、特別な時間だったからです。天王星、海王星、冥王星の象徴する世界観は、無意識や変革、再生といった、かなり抽象的なテーマを担っています。日常語ではとらえにくいことをたくさん書くことになるので、思いきって「シンボル」自体にダイレクトに立ち返ってみよう、と思った次第です。

もともと、これまでの冒頭のショートショートにも、たくさんの象徴的隠喩を仕込んできました。あの短い小説のなかに、「3年」のエッセンスをぎゅっと詰め込む工夫をするのは、毎回、私の大きな楽しみでした。ただ、あのような「匂わせ」のかたちでは、今度の「3年」の大きさ、力強さが表しにくいと思ったのです。

「花言葉」が生まれたのは、直接思いを言葉にすることがマナー違反とされた時代だったそうです。心に秘めた思いを花に託して、人々はメッセージを伝えようとしたのです。「あなたを愛しています」と伝えるために、真っ赤なバラを贈るしかなかった世の中では、すべてのものがメッセージに見えていたのかもしれません。赤いバラを手渡して、相手に愛を理解してもらおうとするのは、「隠喩」「アナロジー」の原点だろうと思います。

当たるか当たらないかにかかわらず、「魚座の人に、向こう3年、何が起こるか」ということを個別具体的に書くことはほぼ、不可能です。というのも、「魚座の人」といっても十人十色、本当にさまざまな立場、状況があるはずだからです。可能性のあるすべての出来事を箇条書きにするようなことができなくはないかもしれませんが、それでは、なんのことだかかえってわからなくなってしまいます。ゆえに、こうした占いの記事は「隠喩」でいっぱいにならざるを得ません。

かのノストラダムスも、直接的な表現はほとんどしていません。彼は詩で占いを書き、後世の人々がその隠喩をさまざまに「解読」しようとしました。本書のような生活に根ざした「実用書」であっても、読み手側のすることはほとんど変わらないように思えます。すなわち、自分に起こりそうな出来事、すでに起こっている出来事と占いを照らし合わせ、そのシンボリズムを解読、デコードしていくのです。

ゆえに占いは、どんなに現実的なものであっても、「謎解き」の部分を含んでいて、神秘的です。そこには、解読されるべき秘密があるのです。

そして私たちの心にもまた、それぞれに自分だけの秘密があります。だれもがスマートフォンでSNSに接続し、どんなことでもテキストや動画で伝え合って「共有」している世の中では、まるで秘密などないようにあつかわれています。ですがそれでも、私たちの心にはまだ、だれにも打ち明けられない秘密があり、内緒話があり、まだ解かれない謎があります。

だれかに語った瞬間に特別なきらめきを失ってしまう夢もあります。

だれの胸にもそんな、大切に守られなければならない秘密や夢があり、その秘密や夢を、希望といううっすらとした靄《もや》がくるみこんでいるのだと思います。

これだけ科学技術が発達してもなお、占いは私たちの「心の秘密」の味方です。

本書が、この3年を生きるあなたにとって、ときどき大切な秘密について語り合えるささやかな友となれば、と願っています。

太陽星座早見表

（1930～2027年／日本時間）

太陽が魚座に入る時刻を下記の表にまとめました。
この時間以前は水瓶座、この時間以後は牡羊座ということになります。

生まれた年	期間
1954	2/19 13:32～3/21 12:52
1955	2/19 19:19～3/21 18:34
1956	2/20 1:05～3/21 0:19
1957	2/19 6:58～3/21 6:15
1958	2/19 12:48～3/21 12:05
1959	2/19 18:38～3/21 17:54
1960	2/20 0:26～3/20 23:42
1961	2/19 6:16～3/21 5:31
1962	2/19 12:15～3/21 11:29
1963	2/19 18:09～3/21 17:19
1964	2/19 23:57～3/20 23:09
1965	2/19 5:48～3/21 5:04
1966	2/19 11:38～3/21 10:52
1967	2/19 17:24～3/21 16:36
1968	2/19 23:09～3/20 22:21
1969	2/19 4:55～3/21 4:07
1970	2/19 10:42～3/21 9:55
1971	2/19 16:27～3/21 15:37
1972	2/19 22:11～3/20 21:20
1973	2/19 4:01～3/21 3:11
1974	2/19 9:59～3/21 9:06
1975	2/19 15:50～3/21 14:56
1976	2/19 21:40～3/20 20:49
1977	2/19 3:30～3/21 2:41

生まれた年	期間
1930	2/19 18:00～3/21 17:29
1931	2/19 23:40～3/21 23:05
1932	2/20 5:28～3/21 4:53
1933	2/19 11:16～3/21 10:42
1934	2/19 17:02～3/21 16:27
1935	2/19 22:52～3/21 22:17
1936	2/20 4:33～3/21 3:57
1937	2/19 10:21～3/21 9:44
1938	2/19 16:20～3/21 15:42
1939	2/19 22:09～3/21 21:27
1940	2/20 4:04～3/21 3:23
1941	2/19 9:56～3/21 9:19
1942	2/19 15:47～3/21 15:10
1943	2/19 21:40～3/21 21:02
1944	2/20 3:27～3/21 2:48
1945	2/19 9:15～3/21 8:36
1946	2/19 15:09～3/21 14:32
1947	2/19 20:52～3/21 20:12
1948	2/20 2:37～3/21 1:56
1949	2/19 8:27～3/21 7:47
1950	2/19 14:18～3/21 13:34
1951	2/19 20:10～3/21 19:25
1952	2/20 1:57～3/21 1:13
1953	2/19 7:41～3/21 7:00

生まれた年	期間
2003	2/19 11:01 ～ 3/21 10:00
2004	2/19 16:51 ～ 3/20 15:49
2005	2/18 22:33 ～ 3/20 21:33
2006	2/19 4:27 ～ 3/21 3:26
2007	2/19 10:10 ～ 3/21 9:08
2008	2/19 15:51 ～ 3/20 14:48
2009	2/18 21:47 ～ 3/20 20:44
2010	2/19 3:37 ～ 3/21 2:32
2011	2/19 9:26 ～ 3/21 8:21
2012	2/19 15:19 ～ 3/20 14:15
2013	2/18 21:03 ～ 3/20 20:02
2014	2/19 3:01 ～ 3/21 1:57
2015	2/19 8:51 ～ 3/21 7:45
2016	2/19 14:35 ～ 3/20 13:30
2017	2/18 20:32 ～ 3/20 19:29
2018	2/19 2:19 ～ 3/21 1:16
2019	2/19 8:05 ～ 3/21 6:59
2020	2/19 13:58 ～ 3/20 12:50
2021	2/18 19:45 ～ 3/20 18:38
2022	2/19 1:44 ～ 3/21 0:34
2023	2/19 7:35 ～ 3/21 6:25
2024	2/19 13:14 ～ 3/20 12:07
2025	2/18 19:08 ～ 3/20 18:02
2026	2/19 0:53 ～ 3/20 23:46
2027	2/19 6:35 ～ 3/21 5:25

生まれた年	期間
1978	2/19 9:21 ～ 3/21 8:33
1979	2/19 15:13 ～ 3/21 14:21
1980	2/19 21:02 ～ 3/20 20:09
1981	2/19 2:52 ～ 3/21 2:02
1982	2/19 8:47 ～ 3/21 7:55
1983	2/19 14:31 ～ 3/21 13:38
1984	2/19 20:16 ～ 3/20 19:23
1985	2/19 2:07 ～ 3/21 1:13
1986	2/19 7:58 ～ 3/21 7:02
1987	2/19 13:50 ～ 3/21 12:51
1988	2/19 19:35 ～ 3/20 18:38
1989	2/19 1:21 ～ 3/21 0:27
1990	2/19 7:14 ～ 3/21 6:18
1991	2/19 12:58 ～ 3/21 12:01
1992	2/19 18:43 ～ 3/20 17:47
1993	2/19 0:35 ～ 3/20 23:40
1994	2/19 6:22 ～ 3/21 5:27
1995	2/19 12:11 ～ 3/21 11:13
1996	2/19 18:01 ～ 3/20 17:02
1997	2/18 23:51 ～ 3/20 22:54
1998	2/19 5:55 ～ 3/21 4:53
1999	2/19 11:47 ～ 3/21 10:45
2000	2/19 17:33 ～ 3/20 16:34
2001	2/18 23:28 ～ 3/20 22:31
2002	2/19 5:14 ～ 3/21 4:16

石井ゆかり（いしい・ゆかり）
ライター。星占いの記事やエッセイなどを執筆。情緒のある文体と独自の解釈により従来の「占い本」の常識を覆す。120万部を超えた「12星座シリーズ」のほか、多くのベストセラー&ロングセラーがある。『月で読む あしたの星占い』『新装版 12星座』（すみれ書房）、『星占い的思考』（講談社）、『禅語』『青い鳥の本』（パイインターナショナル）、『星ダイアリー』（幻冬舎コミックス）ほか著書多数。
LINEや公式Webサイト、Instagram、Threads等で毎日・毎週・毎年の占いを無料配信中。
公式サイト「石井ゆかりの星読み」https://star.cocoloni.jp/
インスタグラム　@ishiiyukari_inst

[参考文献]

『完全版 日本占星天文暦 1900年～2010年』
魔女の家BOOKS　アストロ・コミュニケーション・サービス

『増補版 21世紀占星天文暦』
魔女の家BOOKS　ニール・F・マイケルセン

『Solar Fire Ver.9』（ソフトウエア）
Esotech Technologies Pty Ltd.

[本書で使った紙]

本文　アルトクリームマックス
口絵　OK ミューズガリバーアール COC ナチュラル
表紙　バルキーボール白
カバー　ジェラード GA プラチナホワイト
折込図表　タント L-72

3年の星占い　魚座
2024年-2026年

2023年11月20日第1版第1刷発行
2024年 2月 3日　　第3刷発行

著者
石井ゆかり

発行者
樋口裕二

発行所
すみれ書房株式会社
〒151-0071　東京都渋谷区本町6-9-15
https://sumire-shobo.com/
info@sumire-shobo.com〔お問い合わせ〕

印刷・製本
中央精版印刷株式会社

ISBN978-4-909957-40-5　Printed in Japan
NDC590　159p　15cm